Universo dos Livros Editora Ltda.
Rua Haddock Lobo, 347 – 12º andar – Cerqueira César
CEP 01414-001 • São Paulo/SP
Telefone: (11) 3217-2600 • Fax: (11) 3217-2616
www.universodoslivros.com.br
e-mail: editor@universodoslivros.com.br

Gérson Peres Batista e Joel Cintra Borges

OS MESTRES DO Xadrez

São Paulo
2009

UNIVERSO DOS LIVROS

Diretor Editorial
Luis Matos

Assistência Editorial
Gabriela de Avila
Noele Rossi

Preparação de Originais
Tadeu Carmona

Preparação
Cláudia Cantarin

Revisão
Fabiana Chiotolli

Projeto gráfico
Stephanie Lin

Diagramação
Fabiana Pedrozo
Rogério Chagas

Capa
Sérgio Bergocce

As imagens foram geradas utilizando o site JaqueMate <www.jaquemate.org>.

Dados Internacionais de Catalogação na Publicação (CIP)
(Câmara Brasileira do Livro, SP, Brasil)

B732m Borges, Joel Cintra.

Os Mestres do Xadrez / Joel Cintra Borges e Gérson Peres Batista. – São Paulo : Universo dos Livros, 2009.
128 p.

ISBN 978-85-7930-057-8

1. Xadrez. 2. Jogos de estratégia. 3. Lógica.
I. Batista, Gérson Peres. II. Título.

CDD 794.1

Sumário

Introdução

O jogo de xadrez é a terra do faz de conta, habitada por reis, damas, cavaleiros, bispos e peões, ladeados por torres belas e altaneiras.

Muita gente pensa que se trata de um jogo difícil, que exige bastante estudo e que é praticado somente por pessoas extremamente inteligentes. Isso não é verdade. Qualquer pessoa pode aprender a jogar com poucas explicações.

Uma vez aprendidas as regras, que são simples, pode-se participar da peleja entre os dois reinos: o das peças brancas e o das peças pretas. Por maravilhosos momentos, podemos deixar de lado, com o jogo de xadrez, nossas preocupações, compromissos, alegrias e tristezas. Como escreveu o poeta Fernando Pessoa: "Se o rei de marfim está em perigo, que importam os filhos, mães e esposas?".

O objetivo é cercar o rei adversário, dar-lhe xeque-mate (expressão persa que quer dizer "o rei está morto"). Pouco importa o número de peças que ainda lhe reste: se o jogador perdeu o rei, perdeu o jogo. Isso dá origem a formosas combinações, em que se sacrificam cavalo, bispo, torre, ou até a dama, para chegar ao monarca adversário.

Na Idade Média, o xadrez era praticado principalmente pelos nobres, razão pela qual passou a ser conhecido como "jogo dos reis". Algumas damas jogavam muito bem. Aliás, para jogar xadrez, os homens podiam entrar nos aposentos das mulheres sem que isso fosse motivo de escândalo. Era, também, medida de inteligência. Quando se queria falar que alguém era tolo, costumava-se dizer:

"Esse cavalheiro não distingue um bispo de um peão!".

A origem do xadrez não é muito clara, mas a maioria dos estudiosos do assunto acredita que ele tenha surgido na Índia, há mais ou menos 1500 anos, derivado de um jogo chamado *chaturanga*. Há também uma lenda, segundo a qual o rajá Balhait, no século V a.C., pediu ao sábio brâmane Sissa que criasse um jogo capaz de desenvolver as mais nobres qualidades humanas em sua corte, tais como prudência, diligência, visão e conhecimento. E ele inventou o xadrez.

Capítulo 1

Conceito

O xadrez é considerado *ciência*, já que tem sido investigado por áreas como Psicologia, Pedagogia, História, Matemática e Informática, entre outras; *arte* (o enxadrista, ao realizar uma bela partida, experimenta uma sensação estética similar à sentida ante uma grande obra da pintura ou da música) e *esporte* (pelo seu caráter competitivo; é, inclusive, reconhecido pelo Comitê Olímpico Internacional como modalidade esportiva desde 1999).

A FIDE (*Federação Internacional de Xadrez*), fundada em 1924 e com sede na Suíça, é a segunda maior federação esportiva do mundo: com 161 países filiados, fica atrás somente da FIFA.

> *O xadrez é muita ciência para ser jogo e muito jogo para ser ciência.* Montaigne

> *Um bom enxadrista precisa ser vigoroso e enérgico como um atleta; engenhoso e exato como um cientista; e acima de tudo romântico e sensível como um artista.* Hindemburgo Melão Júnior

TABULEIRO

Grande diagonal branca sempre à direita do jogador

O jogo de xadrez é disputado em um tabuleiro de 64 casas (8×8), de cores alternadas. Nele podemos distinguir *colunas*, *fileiras* e *diagonais*:

- **Coluna** é o conjunto de casas dispostas na mesma linha vertical.

A seta indica uma coluna

- **Fileira** é o conjunto de casas dispostas na mesma horizontal.

O tabuleiro tem oito fileiras

- **Diagonal** é o conjunto de casas de mesma cor em direção oblíqua.

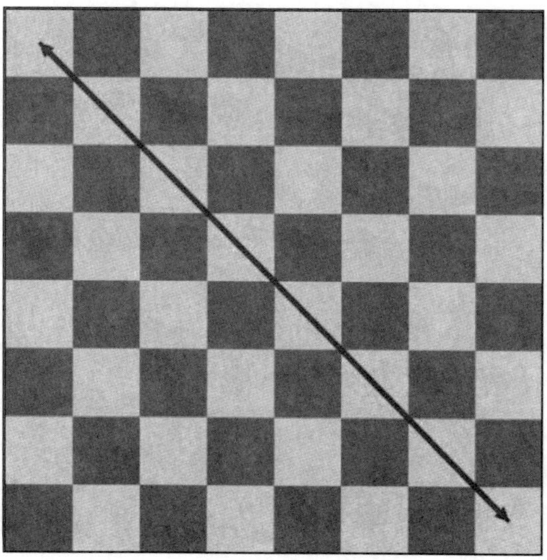

Grande diagonal branca

Grande diagonal preta e outra menor

Capítulo 2

Peças

Cada jogador inicia a partida com dezesseis peças: um rei, uma dama, dois bispos, dois cavalos, duas torres e oito peões, conforme se vê nas ilustrações abaixo.

Rei

Dama

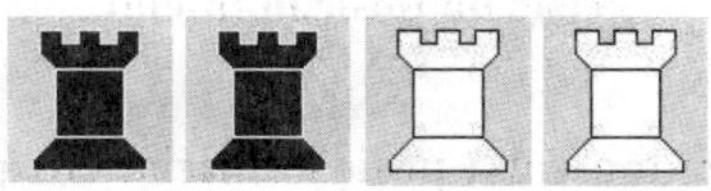

Torre

Bispo

Cavalo

Peão

POSIÇÃO INICIAL

Peças na posição inicial

A ilustração acima mostra a posição inicial das peças de xadrez antes do início da partida. Para bem compreendê-la, há duas observações importantes a fazer:

1. A grande diagonal branca sempre tem que estar à direita de cada jogador.

2. A posição do rei e da dama nas casas centrais não é arbitrária, a regra é simples: dama branca na casa branca e dama preta na casa preta. O rei ocupa a casa ao seu lado.

As peças são colocadas como se vê no diagrama: uma torre em cada canto do tabuleiro, depois os cavalos, os bispos, e finalmente o rei e a dama. Os oito peões são colocados à frente de cada uma dessas peças.

MOVIMENTOS DAS PEÇAS

Apresentamos a seguir as peculiaridades de movimento de cada peça de xadrez.

Rei: O rei pode mover-se para todos os lados, porém, apenas uma casa de cada vez.

Movimentos do rei

Bispo: O bispo move-se na diagonal, pelo número de casas que desejar. Como ele não pode sair das diagonais, permanece nas casas da mesma cor durante toda a partida. É por isso que o jogador tem dois bispos: um de casas brancas e um de casas pretas.

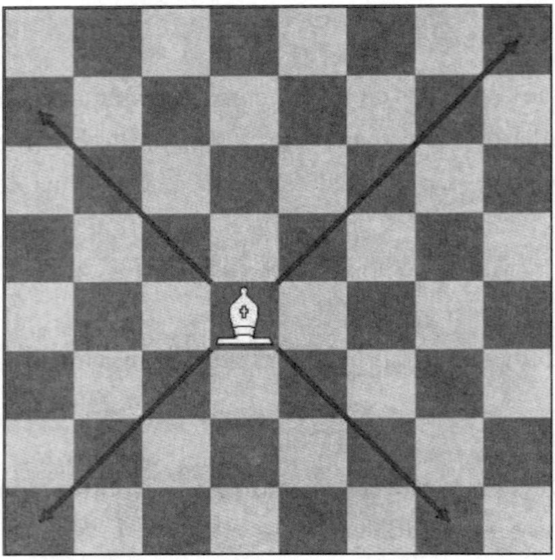

O bispo move-se em direção oblíqua

Torre: Ao contrário dos bispos, as torres movem-se na horizontal e na vertical, também pelo número de casas que desejarem.

A torre move-se na horizontal e na vertical

Dama: A dama combina os movimentos do bispo e da torre, assim move-se pelas diagonais, horizontais e verticais. Como pode alcançar as diversas partes do tabuleiro com grande rapidez, ela é, sem dúvida, a peça mais poderosa do xadrez.

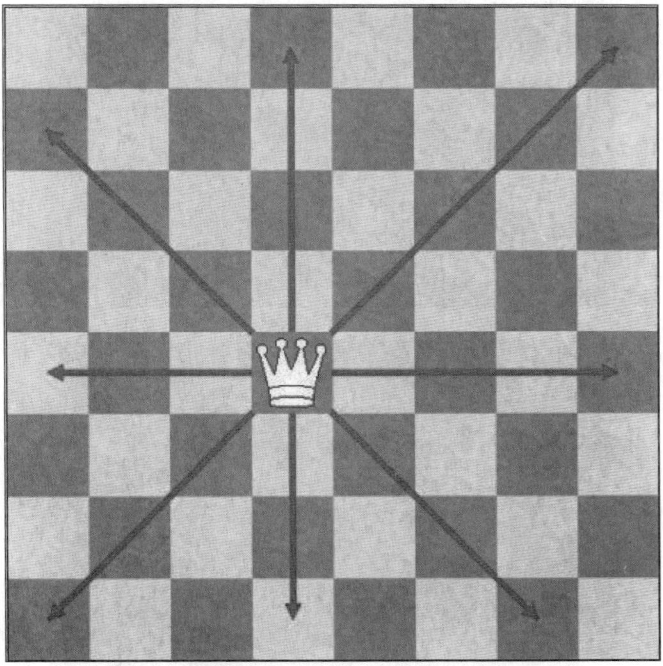

A grande mobilidade torna a dama muito forte

Cavalo: O cavalo move-se em um "L" de quatro casas e é a única peça que pode saltar sobre as outras. É um movimento que parece inicialmente difícil, mas com o qual todos os jogadores logo se acostumam.

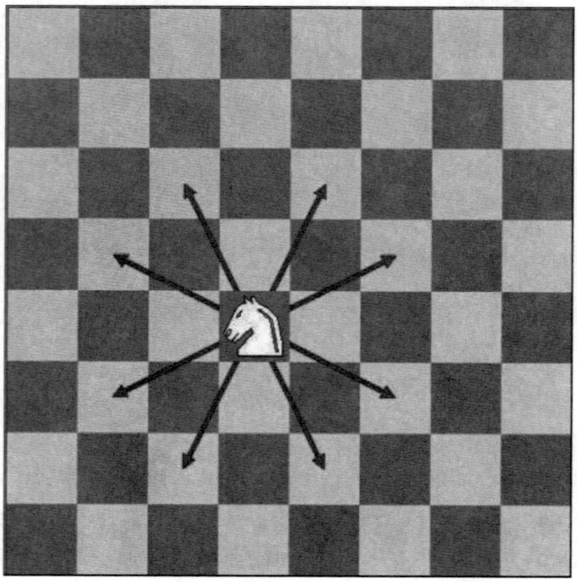

O cavalo no centro tem oito casas à disposição

Peão: O peão, diferentemente das outras peças, move-se sempre para frente (todas as outras se movem para frente ou para trás), uma casa de cada vez. O movimento inicial de cada peão pode ser de duas casas.

Na primeira jogada, cada peão pode mover-se uma ou duas casas

CAPTURAS

A captura, que não é obrigatória, é feita mediante a colocação da peça onde estava a que foi tomada. Toda peça realiza sua captura da mesma maneira que se move e, ao tomar, substitui a outra na casa por ela ocupada. A exceção é o peão, que se move para a frente e captura de lado, uma casa na diagonal.

A torre pode capturar o bispo

A torre fica no lugar da peça tomada

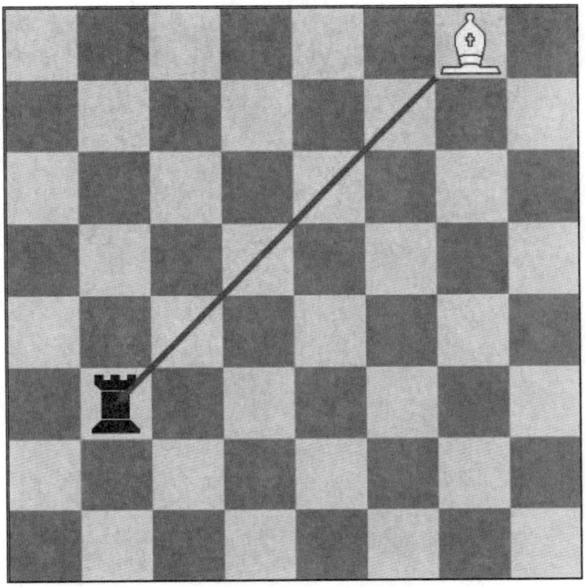

O bispo pode capturar a torre

O bispo substitui a torre

A dama está no raio de ação do cavalo

Nova posição do cavalo após a captura

A dama pode capturar o cavalo

Nova posição da dama após a captura

Peão próximo ao rei: pode ser capturado

O rei fica na casa onde estava o peão

O peão branco pode capturar o negro e também pode ser tomado por ele

Nova posição do peão branco após tomar o peão preto

MOVIMENTOS ESPECIAIS

Roque: O roque é um movimento especial destinado a colocar o rei em uma casa razoavelmente segura, ao mesmo tempo que libera a torre ao seu lado. É o único lance em que o jogador move duas peças ao mesmo tempo. O rei move-se duas casas para a direita, ou para a esquerda, e a torre passa a ocupar a primeira casa ao seu lado.

Rei e torre antes do roque

O rei move-se duas casas em direção à torre

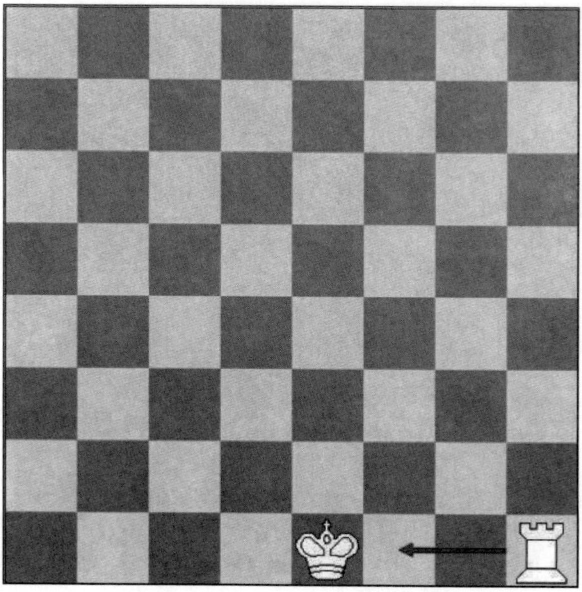

A torre move-se duas casas em direção ao rei

O roque é feito em um só lance

Rei e torre preparando-se para o roque grande

Rei movendo-se duas casas em direção à torre

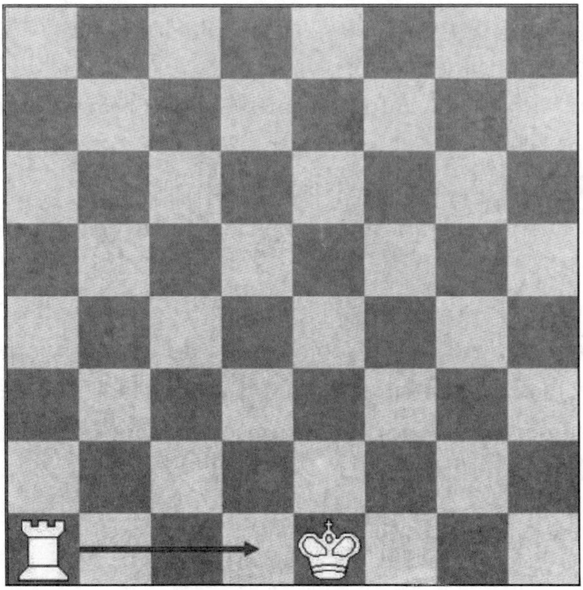

Neste caso a torre move-se três casas

Roque grande completo

Há alguns casos em que o roque não é possível. São eles:

- rei em xeque (ameaçado);
- algum movimento anteriormente realizado pelo rei ou a torre envolvida;
- existência de peças entre o rei e a torre;
- casas que vão ser atravessadas ou ocupadas pelo rei estarem sob ataque.

Promoção: Ao chegar à oitava casa do tabuleiro, o peão é promovido à dama, torre, bispo, ou cavalo, à escolha do jogador. Mesmo que já tenha uma dama, por exemplo, ele pode pedir outra.

Peões branco e preto preparando-se para promoção

Ambos se promoveram e escolheram damas

En passant (expressão francesa que significa "em passagem"): Esse movimento pode ocorrer quando um peão está na quinta casa e o peão adversário em sua casa inicial. Se este avançar duas casas, vai passar ao lado do peão inimigo, podendo ser capturado como se houvesse avançado só uma casa. Essa captura, como no caso de todas as capturas, é opcional.

O peão branco passa por casa atacada pelo peão adversário

Caso não haja captura, a posição ficará assim

O peão preto decide-se pela captura

O peão branco foi capturado

Capítulo 3

Xeque

Xeque é o nome que se dá a uma ameaça direta ao rei. Alguns jogadores, especialmente os mais antigos, costumam dizer "Xeque!" quando realizam esse tipo de jogada, mas é bom ficar claro que esse aviso não é obrigatório. O jogador tem que estar atento ao jogo.

A torre branca preparando-se para dar xeque

Rei preto ameaçado: xeque

Capítulo 4

Xeque-mate

O xeque-mate, ou simplesmente "mate", é uma ameaça ao rei, da qual ele não tem como escapar. Como já dissemos, origina-se de uma expressão persa que quer dizer "o rei está morto".

Se a peça que ameaça o rei puder ser capturada, se o rei puder fugir para uma casa não atacada, ou se puder interpor uma peça sua bloqueando o ataque, não se tem xeque-mate.

Uma torre vigia e a outra se prepara para dar xeque-mate

Rei preto atacado sem possibilidade de defesa: mate

Capítulo 5

Empates

Diz-se que uma partida está empatada quando ocorre uma das seguintes situações:

- insuficiência de material;
- afogamento;
- repetição de lances ou diagramas;
- mais de cinquenta lances sem captura de peças ou movimento de peão;
- xeque perpétuo;
- comum acordo.

Tem-se **insuficiência de material** quando não há peças capazes de dar mate ao rei adversário. Por exemplo, apenas rei e bispo ou rei e cavalo não conseguem dar mate. Paradoxalmente, rei e peão podem dar mate, uma vez que o peão pode ser promovido à dama ou à torre.

Empate claro, porque um rei não pode atacar o outro

Apenas rei e bispo não conseguem dar mate

Outro caso de empate por insuficiência de material

No **afogamento**, o rei não está em xeque e o jogador não tem possibilidade de realizar nenhum lance legal, a partida está empatada. Diz-se que houve empate.

As negras não estão em xeque e não têm como mover-se: empate

As brancas precipitaram-se e afogaram o rei preto: empate

A **repetição de lances ou diagramas** se dá quando ambas partes repetem os lances por três vezes consecutivas, ou apresentam a mesma posição no tabuleiro três vezes. Independentemente da ordem dos lances, a partida é considerada empatada.

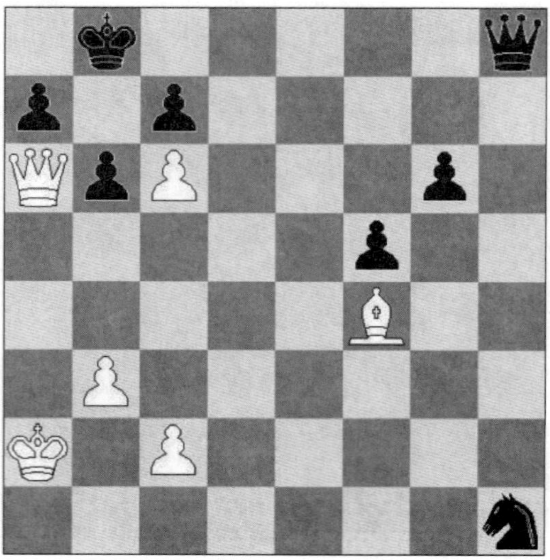

A dama branca ameaça mate

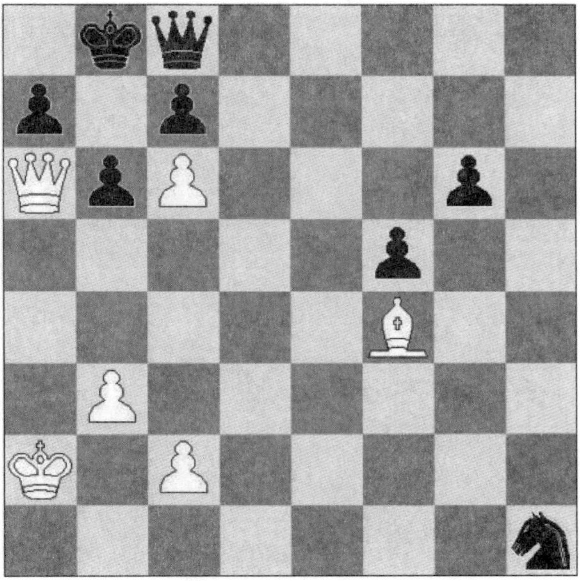

Única possibilidade de defesa

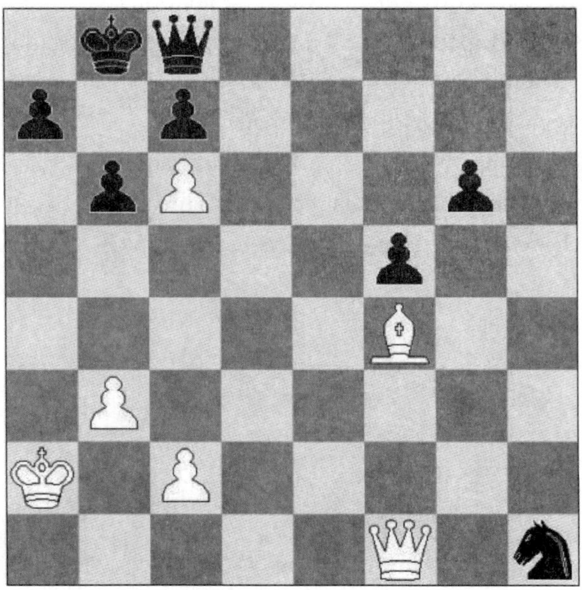

Dama branca recusa troca e ameaça cavalo

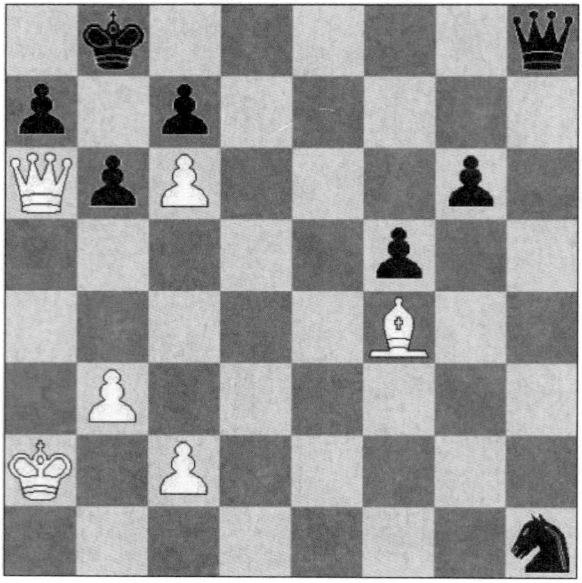

Quando a dama preta defende seu cavalo, o branco – que tem peões a menos e quer empatar – volta a ameaçar mate. O jogador de negras tem que se defender com a dama e, caso se verifique a repetição da mesma posição por três vezes, ocorre empate.

Se a partida chegar a uma posição indefinida, em que não há captura de peças nem avanço de peões, apenas com lances improdutivos durante **cinquenta lances**, a partida é considerada empatada.

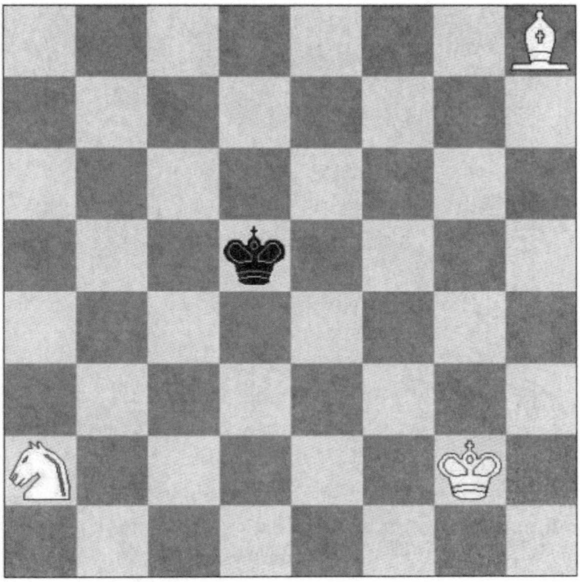

Bispo, cavalo e rei contra rei: um mate nada fácil em menos de cinquenta lances

Neste caso, uma defesa correta leva ao empate

Com boa técnica, o branco deve ganhar, mas não pode ultrapassar cinquenta lances nessa tentativa

Há ainda posições em que um dos lados, por estar inferior estrategicamente ou com pouco tempo no relógio, consegue empatar a partida por **xeque perpétuo**, ou seja, dar xeques seguidos ao rei, sem que este tenha condições de livrar-se deles.

O jogador de brancas, com dama a menos, dá xeque continuamente com a torre

O **comum acordo** ocorre quando um dos jogadores propõe empate ao adversário e este aceita. A frase geralmente usada nessa situação é: "Aceita empate?".

Empate por comum acordo em uma posição igual

Empate por comum acordo... em uma posição em que ainda haveria muita luta.

Capítulo 6

Notação

Consiste em descrever a partida da maneira mais simples possível, de forma que ela possa ser reproduzida com facilidade posteriormente.

É a notação que permite estudar xadrez em obras especializadas e, inclusive, jogar por correspondência, pela internet e outros meios de comunicação.

Existem várias maneiras de anotar uma partida, mas a forma oficial e adotada atualmente pela FIDE é a algébrica, que será descrita logo em seguida.

1º passo

Cada peça do jogo será representada pela sua letra inicial maiúscula ou pelo seu símbolo.

Rei = **R** ou 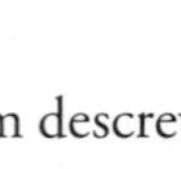

Dama = **D** ou 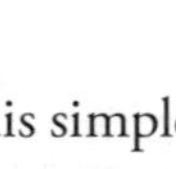

Torre = **T** ou 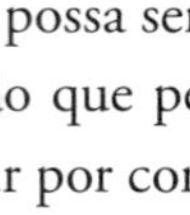

Bispo = **B** ou 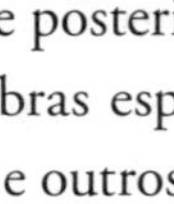

Cavalo = **C** ou 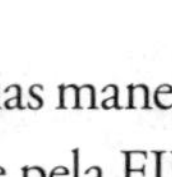

Peão = **P** ou 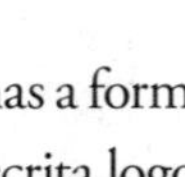

A inicial **P** do peão não é utilizada. Assim, numa notação sem inicial de peça ou símbolo, subentende-se que se trata de um lance de peão.

2º passo

As oito colunas do tabuleiro são designadas pelas letras *a*, *b*, *c*, *d*, *e*, *f*, *g*, *h*, minúsculas, da esquerda para a direita, em relação ao jogador de brancas.

Da mesma forma, as oito fileiras recebem números de 1 a 8, sempre partindo do lado branco. Dessa forma, cada casa terá uma designação fixa, como se tivesse nome e sobrenome.

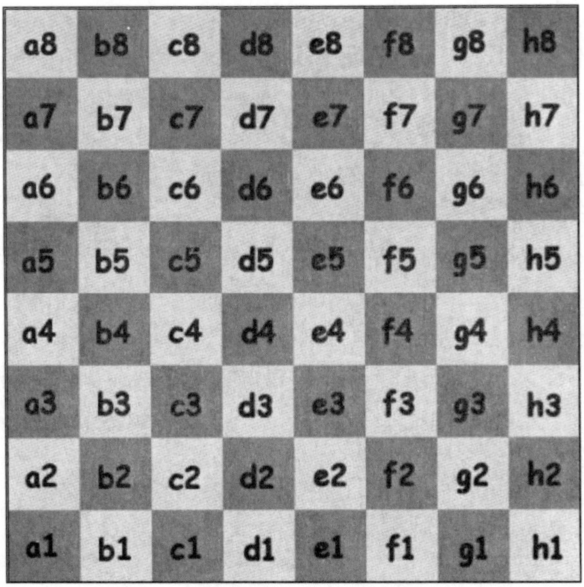

Cada casa está perfeitamente identificada.

3º passo

Para anotar um lance, escrevem-se a letra inicial da peça, ou seu símbolo, e a casa para onde ela vai. Por exemplo: Bd6 quer dizer que o bispo (branco ou preto) foi para a casa d6; Da1 indica a dama indo para a casa a1. Movimentos de peões são indicados simplesmente pelos endereços das casas. Por exemplo, e4 mostra que um peão foi para a casa e4.

O roque pequeno é simbolizado por 0-0 e o grande por 0-0-0. Quanto ao xeque, sua anotação é feita por **+** e o xeque-mate, por **++**. A promoção é representada por **=**. Assim, c8=D significa que o peão da coluna "c" chegou à oitava fileira e foi promovido à dama. O *en passant* é representado por "e.p.".

No caso de capturas, a notação é a mesma, só que se utiliza um *x* entre a peça que toma e a casa para onde ela vai. Por exemplo, Cxf6 mostra que o cavalo tomou uma peça ou peão que estava situado em f6. Capturas feitas por peões são indicadas pela letra da coluna onde ele estava, mais o *x* e o endereço da peça ou peão capturado.

Para indicar (nas análises ou comentários) lance bom, colocamos um ponto de exclamação; para um lance ótimo, empregam-se dois. Por exemplo: Cg4!, Te5!!. O lance mau recebe um ponto de interrogação (como se disséssemos: "O que é que você está fazendo aí?") e o péssimo, dois. Para o lance duvidoso, usamos **?!** – por exemplo: Ca6?!. O lance interessante é indicado com **!?**.

Apresentamos a seguir algumas partidas como exemplos de notação. Observe-se que o primeiro nome é sempre o do jogador de brancas. Indica-se o ano em que a partida foi jogada, com a opção de registrar ou não o nome da cidade ou país em que foi realizada. Quando, em vez do nome, houver N.N. ("no name", ou seja, "nenhum nome"), significa que se trata de jogador desconhecido, sem expressão no meio enxadrístico.

Nimzowitsch – Riskoff (1910)

1. e4	**e5**
2. Cf3	**Cc6**
3. Bb5	**Cf6**
4. 0-0	**d6**
5. d4	**Cxe4**
6. d5	**a6**
7. Bd3	**Cf6**
8. dxc6	**e4**
9. Te1	**d5**
10. Be2	**exf3**

11. cxb7	**Bxb7**
12. Bb5++	

Torre e bispo ameaçam o rei ao mesmo
tempo e não há casa de fuga: xeque-mate

Morphy – Conway (Nova York, 1859)

1. e4	**e5**
2. f4	**exf4**
3. Cf3	**g5**
4. Bc4	**g4**
5. d4	**gxf3**
6. Dxf3	**Bh6**
7. 0-0	**Ce7**
8. Bxf4	**Bxf4**
9. Bxf7+	**Rxf7**
10. Dxf4+	**Rg7**
11. Df6+	**Rg8**
12. Df7++	

A dama branca apoiada pela torre dá xeque-mate

Capítulo 7

Fases da partida

A partida de xadrez pode ser dividida em três fases: abertura, meio jogo e final, embora cada uma delas geralmente não fique muito bem demarcada.

ABERTURA

Chamamos de abertura a fase inicial, na qual se colocam nossas peças em posição de combate, tirando-as da inativa posição inicial.

A abertura compreende os dez, doze e às vezes até os quinze primeiros lances. Sua importância é fundamental: é, por assim dizer, a base, o alicerce da partida. Em um nível mais alto de xadrez, uma abertura mal jogada praticamente leva à derrota.

Atualmente há dezenas de aberturas e defesas bem estudadas, com inúmeras variantes e subvariantes, como a Abertura Italiana, a Abertura Espanhola, a Defesa Francesa, a Defesa Holandesa e a Defesa Siciliana, entre muitas outras.

Existem milhares de livros que tratam dessas aberturas e defesas, muitos dos quais se concentram apenas em uma subvariante. Tentar aprendê-las de memória é impossível e também improdutivo. O importante é jogar com lógica, entender os princípios gerais não somente da abertura, mas do jogo como um todo. Com o tempo, o praticante vai se familiarizando com esses lances, consegue entender o porquê de cada movimento e acaba os guardando de memória, não porque os decorou, e sim por compreendê-los.

Algumas ideias para a abertura

- Inicie a partida com o peão do rei ou o da dama, avançando-o duas casas.
- Desenvolva rapidamente suas peças, começando com os cavalos e os bispos. Não movimente os peões sem necessidade.
- Coloque suas peças em posições em que tenham a maior mobilidade possível, seja para o ataque, seja para a defesa.
- Procure controlar o centro com suas peças. Quem controla o centro controla o jogo.
- Como regra geral, não perca tempo movimentando a mesma peça duas vezes.
- Não desenvolva a dama muito cedo, para evitar expô-la ao ataque de peças menores.
- Faça o roque assim que possível – de preferência o roque pequeno.
- Esforce-se para trabalhar com suas peças em harmonia, uma apoiando a outra e todas trabalhando para o objetivo comum. Lembre-se: o jogo de xadrez é uma batalha em miniatura.
- Não se esqueça de dois detalhes importantes:
  1. As peças brancas sempre iniciam o jogo.
  2. Pense na jogada antes de colocar a mão na peça porque peça tocada é peça jogada!

Posição ideal, segundo alguns dos maiores jogadores do mundo

Posição ideal adaptada (afinal, o adversário também joga)

MEIO JOGO

Esta é a fase que vem logo depois da abertura. É quando o praticante se pergunta: "Bem, já desenvolvi minhas peças, e agora?".

Naturalmente, o que se vai fazer depende muito das jogadas do adversário, porque ninguém joga xadrez sozinho. De todo modo, existem alguns objetivos, algumas metas a serem alcançadas na falta de algo mais imediato.

Algumas ideias para o meio jogo

- Procure dominar o centro.
- Ative o máximo possível as peças, colocando os bispos em diagonais importantes, torres em colunas abertas, cavalos nas casas centrais – quanto mais avançados, melhor.
- Aja de modo contrário com as peças adversárias, ou seja, expulse-as de casas boas, bloqueie seus movimentos de forma que se tornem o mais inofensivas possível.
- Procure manter uma boa estrutura de peões, evitando peões dobrados, isolados ou atrasados, o que é muito importante na fase final da partida.
- Cuide para que o rei permaneça bem protegido.
- Analise as posições continuamente, pesando cada peça, cada peão, não apenas os seus, mas também os do seu oponente. O momento mais adequado para isso é quando o adversário estiver pensando, no tempo dele.

FINAL

Algumas partidas (chamadas de miniaturas), devido a um erro grave de um dos jogadores, terminam na abertura. Em outras, isso acontece no meio jogo. Entretanto, boa parte passa para o final, que é a fase em que geralmente só restam os reis, os peões e poucas peças (quase sempre torres).

Esta fase, que exige muita técnica, é a pedra de toque para conhecer a força de um jogador: todos os grandes campeões foram exímios conhecedores de finais.

A maior característica do final é a mudança de atitude do rei, o qual, se na abertura e no meio jogo apresentava uma postura um tanto tímida, passa a mostrar grande atividade, colaborando com suas peças e ajudando na promoção de seus peões.

Capítulo 8

Estratégia

Trata-se do plano, do fio condutor do jogador na partida. Em geral, é elaborada a partir de determinada posição, em cima da qual o jogador se debruça, à procura de debilidades na posição adversária e da melhor maneira de explorá-las.

É óbvio que a estratégia pode mudar no decorrer da partida. Por exemplo, se o plano inicial do jogador era capturar um peão isolado, e ele trabalha neste sentido, existe a possibilidade de o adversário jogar mal e surgir oportunidade de pressionar uma peça e tomá-la. Por que não?

À medida que o jogador evolui, consegue compreender que cada abertura, cada defesa, traz em seu bojo uma ideia básica que *pode* ajudar na elaboração da estratégia.

Capítulo 9

Tática

A tática está mais ligada às combinações e é algo mais concreto. O bom jogador deve estar atento à possibilidade tática de um xeque duplo (ataque ao rei e a outra peça ao mesmo tempo), de um garfo (peão atacando duas peças) e de outras, de ganho quase imediato.

Capítulo 10

Técnica

É a destreza, a habilidade, o *know-how* do jogador. Diz-se, por exemplo, que um enxadrista tem uma boa técnica de finais quando ele conduz bem os finais de partida. Ao contrário da estratégia e da tática, que exigem talento, a técnica depende apenas do jogador, de seu estudo, de seu trabalho e de seu empenho.

Capítulo 11

Classificação dos lances

Numa partida, para efeito de estudo, os lances podem ser classificados em:

- **neutros:** em geral trata-se de jogada de desenvolvimento, apenas para colocar uma peça em jogo. Em determinadas ocasiões, quando o jogador não encontra um plano, a jogada neutra (um movimento de rei, por exemplo) pode ser útil para passar ao outro a vez de jogar.
- **ataque:** cria uma situação de risco para o adversário, ameaçando tomar um peão, uma peça, ou dar xeque-mate.
- **defesa:** o movimento defensivo é feito para proteger as peças ou mesmo o rei.
- **contra-ataque:** muitas vezes é a solução para uma posição comprometida. em vez de se defender de um ataque, o jogador pode optar por atacar também, o que caracteriza um contra-ataque.
- **errôneos:** Este lance dá vantagem material ou posicional ao adversário, imediatamente, ou com reflexos negativos futuros.

Capítulo 12

Análise da posição

Segundo Ludek Pachman, no grande clássico *Estratégia moderna do xadrez*, o caráter de uma posição é determinado pelos seguintes fatores:

- a relação do material, ou seja, a igualdade ou a superioridade material de um dos lados em relação ao outro;
- o poder individual das peças;
- a qualidade individual dos peões;
- a posição dos peões, isto é, sua estrutura ou formação;
- a posição dos reis;
- a cooperação mútua entre as peças e os peões.

O jogador iniciante terá um pouco de dificuldade para fazer essas avaliações, mas deve-se lembrar que toda grande jornada começa com o primeiro passo.

Capítulo 13

Xadrez e tecnologia

O advento da informática, que fez do computador um aparelho indispensável, aliado às grandes possibilidades oferecidas pela internet, facilitou imensamente o estudo e, consequentemente, o progresso do xadrez.

Hoje é possível enfrentar softwares de xadrez modernos e quase imbatíveis, pesquisar partidas em bancos de dados, bem como acompanhá-las ao vivo pela internet. Também se pode enfrentar um jogador de um país distante em tempo real, sem sair de casa e treinar virtualmente com professores especializados, além de outras possibilidades.

ALGUMAS SUGESTÕES DE SITES

- Federação Internacional de Xadrez: www.fide.com
- Confederação Brasileira de Xadrez: www.cbx.org.br
- Federação Mineira de Xadrez: www.fmx.org.br
- Federação Paulista de Xadrez: www.fpx.com.br
- Clube de Xadrez On-line: www.clubedexadrez.com.br
- Internet Xadrez Clube: www.ixc.com.br
- Jaque Mate: www.jaquemate.org
- Internet Chess Club: www.chessclub.com
- CessBase: www.chessbase.com

Capítulo 14

Dez partidas de grandes mestres

Partida 1

Alexander Meek versus Paul Morphy
Gambito Escocês [C44]
Nova York – 1855

O jogo analisado a seguir mostra perda de tempo na abertura e suas implicações negativas. Ilustra também o perigo de não se fazer o roque.

1. e4 **e5**

2. Cf3 **Cc6**

3. d4 **exd4**

4. Bc4

Gambito Escocês. As brancas entregam um peão para acelerar o desenvolvimento de suas peças. Colocar as peças em jogo é um dos quatro fundamentos da abertura. Os outros três são: controle do centro, domínio de espaço e o fator tempo.

4. ... Bc5

5. Cg5?!

O 0-0 é o lance adequado aqui. O primeiro erro das brancas é que estão movimentando a mesma peça duas vezes, enquanto as outras estão presas; o segundo é terem começado o ataque muito cedo, sem que suas peças estejam desenvolvidas.

5. ... Ch6!

Defendendo a casa f7 e desenvolvendo mais uma peça.

6. Cxf7?

A captura em f7 é um erro. Melhor seria 6.Dh5, quando as pretas poderiam seguir simplesmente com 6...De7.

6. ... Cxf7

7. Bxf7+ Rxf7

8. Dh5+ g6

9. Dxc5 d6

Passados os "fogos de artifício", as pretas, com melhor desenvolvimento, tomam a iniciativa do combate. O lance 9...d5!, no entanto, é mais preciso.

10. Db5 Te8!

Explorando o fato de o rei branco estar no centro, em uma coluna semiaberta.

11. Db3+?

Mais uma perda de tempo. Melhor seria rocar, porque o peão de e4 está perdido mesmo.

11. ... d5!

12. f3?

Rocar permanece como a melhor opção. Evidentemente, não se pode tomar em d5 com a dama porque ela seria capturada (o peão de "e" está cravado, isto é, defende seu rei da torre adversária).

12. ... Ca5

13. Dd3 dxe4

14. fxe4 Dh4+

A investida final, partindo para o arremate.

15. g3 Txe4+

16. Rf2 De7

17. Cd2?

A jogada 17. Bd2 seguraria por mais tempo a posição.

17. ... Te3!

18. Db5

Se 18. Dxd4, Te7+ ganhava rapidamente.

18. ...   c6!

O cavalo negro não pode ser tomado devido a 19...Te7+, com mate rápido.

19. Df1   Bh3!

Posição após 19...Bh3

Se o bispo for tomado, 20...Te2+ continua sendo decisivo.

20. Dd1   Tf8

21. Cf3   Re8

As brancas abandonam porque estão sem lance. Se, por exemplo, 22. Bxc3 Dxc3, mate.

Partida 2

José Raul Capablanca versus Marc Fonaroff
Abertura Ruy Lopez [C66]
Nova York – 1918

1. e4 e5

2. Cf3 Cc6

3. Bb5

A Abertura Ruy Lopez, ou Espanhola, é a mais praticada entre as aberturas abertas (aquelas que começam com 1.e4 e5).

3. ... Cf6

4. 0-0 d6

5. d4 Bd7

6. Cc3 Be7

7. Cxd4 Cxd4

8. Dxd4 Bxb5

9. Cxb5 0-0

Com as trocas, as pretas conseguiram espaço para se movimentar e agora fazem o roque, protegendo seu rei e deixando a torre apta para participar da luta.

10. Dc3! c6?

Movimento infeliz, que deixa fraco o peão em d6, por estar atrasado numa coluna semiaberta.

11. Cd4

E o cavalo vai saltar para f5, um importante posto avançado.

11. ... Cd7

Essa manobra do cavalo é para deixar a diagonal a1-h8 livre para o bispo.

12. Cf5

E o cavalo chega ao seu destino, de onde cria uma grande rede de ameaças, dada a sua posição privilegiada dentro do campo inimigo.

12. ... Bf6

13. Dg3

A dama foge e ao mesmo tempo pressiona dois pontos fracos: d6 e g7.

13. ... Ce5

14. Bf4

Apontando o bispo para a casa fraca d6, via raios x.

14. ... Dc7

15. Tad1 Tad8

16. Txd6!!

Capablanca se notabilizou por seu estilo posicional refinado. Todavia, o grande mestre cubano mostra nesta partida que também domina o jogo combinatório, ganhando de forma brilhante.

16. ... **Txd6**

17. Bxe5 **Td1**

Se 18...Bxe5, 19.Dxe5, ameaçando dar mate ou tomar a torre.

18. Txd1 **Bxe5**

Se 19...Dxe5, o resultado seria o mesmo.

19. Ch6+ **Rh8**

20. Dxe5 **Dxe5**

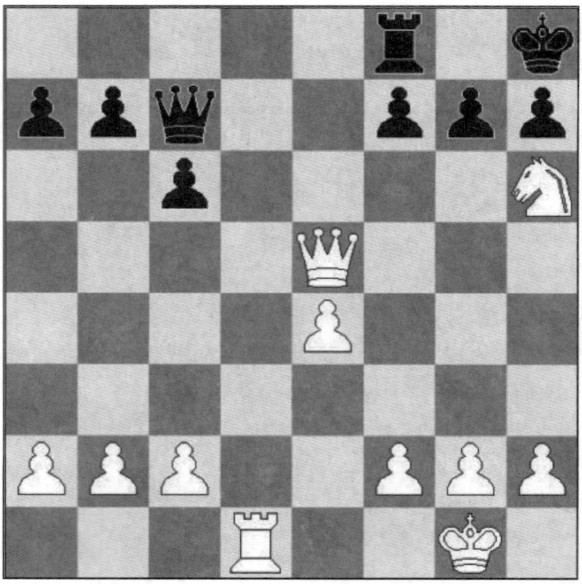

Posição após 21. Dxe5

21. Cxf7+ e as pretas abandonam, uma vez que perdem uma peça ou levam mate.

Partida 3

Alexander Alekhine versus Harry Borochow
Abertura Ruy Lopez [C80]
Califórnia – 1932

Partida disputada numa simultânea às cegas, ministrada em Hollywood pelo ex-campeão mundial Alexander Alekhine.

1. e4 e5

2. Cf3 Cc6

3. Bb5

Abertura Ruy Lopez, ou Espanhola.

3. ... a6

Jogada muito comum na Ruy Lopez, preparando um futuro ...b5.

4. Ba4

No caso de 4. Bxc6 dxc6 5. Cxe5? Dd4 6. Cf3 Dxe4+ 7. De2 Dxe2+ 8. Rxe2 Bg4 e as pretas recuperam o peão, ficando com o par de bispos e melhor posição.

4. ... Cf6

5. 0-0

Maneira indireta de proteger o peão. Também se pode fazer 5. d3 ou 5. Cc3.

5. ... Cxe4

Esta é a Variante Aberta da Ruy Lopez. As pretas tomam o peão central, mas terão que devolvê-lo logo adiante. É uma das favoritas do atual campeão mundial, o indiano Viswanathan Anand, para enfrentar a Espanhola.

6. d4

Também é possível fazer o simples 6.Te1, mas o do texto é um lance mais dinâmico.

6. ... b5

Fecha a diagonal do bispo, impedindo em algum momento Bxc6, seguido de Cxe5.

7. Bb3 d5

8. Cxe5 Cxe5

9. dxe5 Be6

10. a4

Atacando a estrutura preta a6-b5. Outro plano seria 10. Be3 com a ideia de f4 na sequência.

10. ... Cc5

11. Cd2 Be7

12. De2 c6

13. c3 Cxb3

Fazer o roque talvez fosse mais prudente. O andamento do jogo mostrou que o rei preto sem rocar causou grandes transtornos ao segundo jogador.

14. Cxb3 bxa4

15. Cd4! Bd7

16. e6! fxe6

17. Txa4! Dc8

18. Te1 Rf7?

Essa ganância logo será castigada. O recomendável seria 18... 0-0.

19. Cf5!

Alekhine mostra porque tinha fama de ser um brilhante jogador tático. Sua habilidade no ataque era invejável.

19. ... Te8

20. Dh5+ Rg8

21. Cxg7!

O cavalo é sacrificado para abrir a posição do rei.

21. ... Tf8

Se 21...Rxg7 22.Bh6+ seguido de mate em três lances.

22. Tg4 Rh8

23. Te3!

Mais uma torre para o ataque.

23. ... e5

24. Ce6! Abandonam.

Para 24... Bxe6, o mate é dado com 25. Dxh7+ Rxh7 26. Th3+ Bh4 27. Thxh4++.

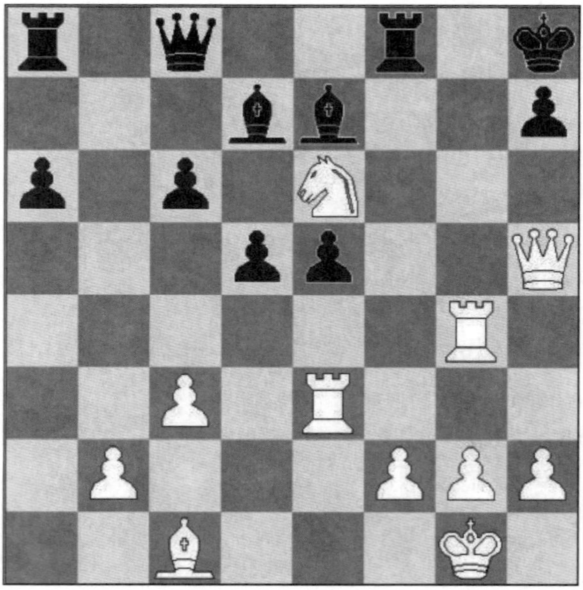

24.Posição após 24. Ce6!

Partida 4

Mikhail Botvinnik versus Milan Vidmar
Defesa Ortodoxa [D40]
Nottingham (Inglaterra) – 1936

1. c4

Abertura Inglesa.

1. ... e6

Lance que dá às pretas a oportunidade de passar para várias defesas. Outra resposta muito usada é 1...e5, ocupando uma das casas centrais com o peão.

2. Cf3 d5

3. d4

Com esse avanço de peão, as brancas abrem mão de continuar na Inglesa, passando para um Gambito de Dama.

3. ... Cf6

4. Bg5

Atacando indiretamente d5 por meio de uma cravada. O cavalo está imobilizado porque, se sair, as pretas perdem a dama (essa é a ideia da cravada).

4. ... Be7

Descravando. Agora o cavalo não está mais impossibilitado de sair.

5. Cc3 0-0

6. e3 Cbd7

E aqui temos uma Defesa Ortodoxa do Gambito da Dama Recusado.

7. Bd3 c5

Esse peão é para pressionar o centro, no caso, o peão de d4.

8. 0-0 cxd4

As trocas dos peões centrais objetivam deixar as brancas com um peão isolado, que é fraco porque não tem ao seu lado outros que o apoiem.

9. exd4 dxc4

10. Bxc4 Cb6

Almejando a excelente casa central d5.

11. Bb3 Bd7

12. Dd3 Cbd5

13. Ce5

Cavalos no centro têm maior raio de ação.

13. ... Bc6

14. Tad1

A torre dá sustentação ao peão de d4.

14. ... Cb4

15. Dh3

A dama atacada se retira para a ala do rei, onde estará pronta para um ataque ao roque adversário.

15. ... Bd5

16. Cxd5 Cbxd5

17. f4!

Iniciando o ataque e abrindo a coluna "f" para a torre.

17. ... Tc8

17... g6 evitaria o avanço do peão, mas enfraqueceria o roque.

18. f5 exf5

19. Txf5 Dd6?

A posição é complicada, mas 19...Tc7 não perderia tão rápido.

20. Cxf7!

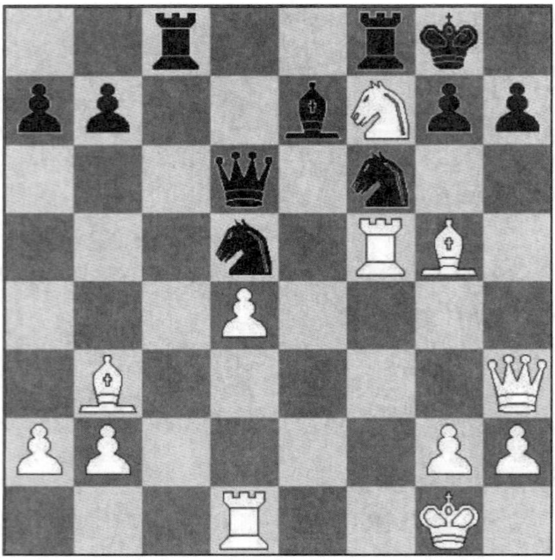

Posição depois de 20. Cxf7!

O ex-campeão mundial Mikhail Botvinnik encontra uma bela combinação, que culmina com ganho de material.

20. ... **Txf7**

21. Bxf6 **Bxf6**

Se 21...Cxf6 22. Txf6 Bxf6 23. Dxc8+ é decisivo.

22. Txd5 **Dc6**

23. Td6 **De8**

24. Td7 As pretas abandonam.

Partida 5

Mikhail Tal versus Alexey Suetin
Defesa Siciliana [B42]
Tbilisi (Geórgia) – 1969

1. e4 c5

Defesa Siciliana.

2. Cf3 e6

3. d4 cxd4

4. Cxd4 a6

5. Bd3 Ce7

Não é a casa natural do cavalo, que em geral se instala em f6.

6. Cc3 Cbc6

7. Cb3

O ex-campeão mundial Mikhail Tal – o "Mago de Riga", um dos mais geniais grandes mestres da história – faz Cb3 para evitar a troca de peças. O jogo das pretas é sólido (não tem fraquezas), porém restringido (com pouco espaço para movimentar as peças). Quem está restringido deve trocar peças para que as restantes tenham mais mobilidade.

7. ... Cg6

8. 0-0 b5

9. Be3 d6

10. f4 Be7

11. Dh5!

Assumindo a iniciativa do combate.

11. ... Bf6

Se 11...0-0, então 12. Tf3 com a ideia de Th3.

12. Tad1 Bxc3?!

O grande mestre e treinador Alexey Suetin toma uma decisão duvidosa: a troca de seu poderoso bispo pelo cavalo de c3, com vistas a um final em que tal teria problemas com os peões dobrados.

13. bxc3

As chances das brancas estão no meio jogo, onde a força do par de bispos em jogo aberto é um fator determinante.

13. ... Dc7

14. Td2 Cce7

15. Cd4!

E o cavalo volta para uma forte casa central. Desde d4 ele poderá saltar no campo adversário na primeira oportunidade, apoiando ainda avanços de peões na ala do rei.

15. ... Bd7

Procurando terminar o desenvolvimento das peças.

16. f5 exf5

Se o cavalo se retira, é decisivo 17. fxe6.

17. exf5 Ce5

A excelente colocação do cavalo em e5 não salvará as pretas.

18. Ce6 Bxe6

19. fxe6 g6?

Perde no ato. A única esperança de salvação seria 19...0-0-0.

20. Dxe5!!

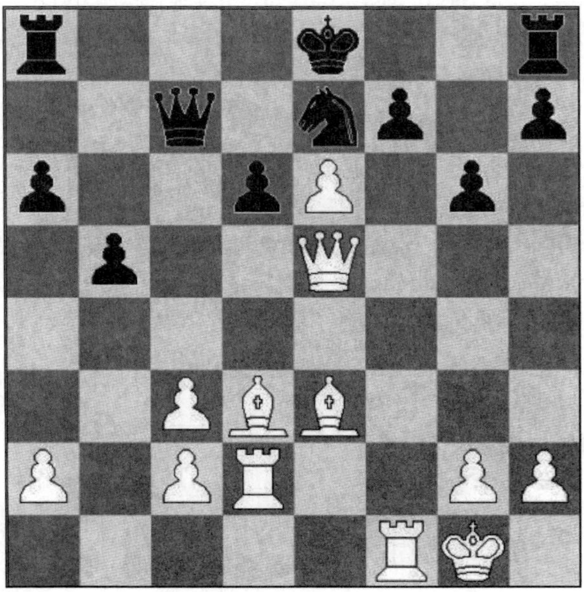

Posição depois de 20. Dxe5!!

Brilhante sacrifício de dama.

20. ... **dxe5**

21. exf7+ As pretas abandonam.

Se 21...Rf8 22. Bh6++ e se 21...Rd7, é decisivo 22. Bf5+ Rc6 23. Be4+.

Partida 6

Robert James Fischer versus Samuel Reshevsky
Defesa Siciliana [B35]
Estados Unidos – 1959

1. e4 **c5**

Toda vez que as pretas responderem a 1.e4 com 1...c5, teremos a Defesa Siciliana, uma das defesas mais populares na atualidade.

2. Cf3 **Cc6**

3. d4

Lance característico da Siciliana Aberta, com jogo mais livre e frequentes complicações táticas.

3. ... **cxd4**

4. Cxd4 **g6**

5. Cc3 **Bg7**

6. Be3　　　Cf6

7. Bc4

O bispo vai a c4 para dificultar às pretas a jogada liberadora ...d5, além de exercer vigilância na diagonal a2-g8, apontando para o rei adversário depois que este rocar.

7. ...　　　0-0

8. Bb3

O bispo é colocado em segurança. Os próximos passos das brancas seriam: f3, Dd2 e 0-0-0, ensaiando um violento ataque na ala do rei com h4.

8. ...　　　Ca5?

O grande mestre Reshevsky comete um sério erro que será rapidamente aproveitado por Fischer.

9. e5

E não há mais salvação para as pretas.

9. ...　　　Ce8

Algo melhor seria 9...Cxb3 10.exf6 Cxa1 11.fxg7, muito embora a vantagem das brancas fosse considerável.

10. Bxf7+

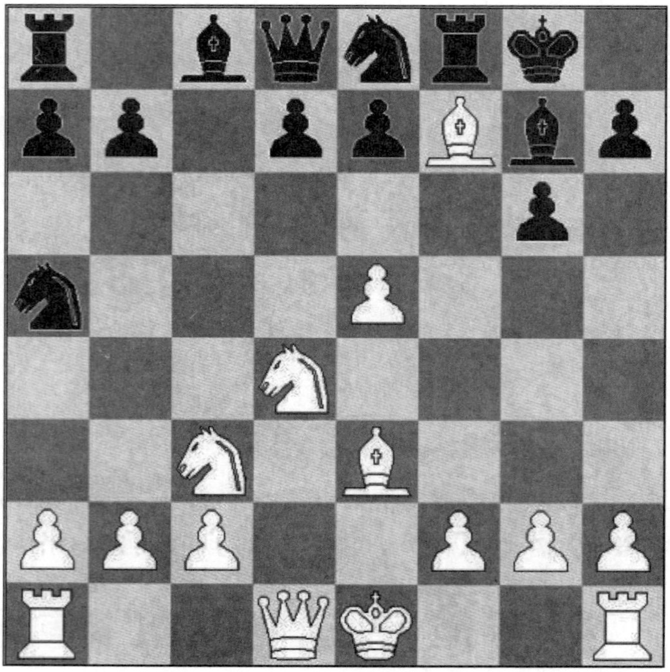

Posição depois de 10. Bxf7+

O ataque de Bobby Fischer, campeão mundial de 1972 a 1975, é fulminante.

10. ... **Txf7**

Se 10... Rxf7 11. Ce6! Rxe6 12. Dd5+ Rf5 13. g4, com rede de mate.

11. Ce6 As pretas abandonam porque perdem a dama.

Partida 7

Lajos Portisch versus Anatoly Karpov
Moscou – 1977
Defesa Índia Antiga [A05]

Partida disputada entre o grande mestre húngaro Portisch e o grande mestre russo Karpov (campeão mundial de 1975 a 1985 e de 1993 a 1999), no Campeonato Europeu por Equipes.

1. Cf3 Cf6

2. g3 b6

3. Bg2 Bb7

Essa forma de desenvolvimento dos bispos é conhecida por "fianqueto" (pequeno flanco em italiano).

4. 0-0

Esse tipo de roque é muito seguro, devendo-se evitar quanto possível a troca desse bispo que protege o rei.

4. ... e6

5. d3 d5

6. Cbd2 Cbd7

7. Te1 Bc5

8. c4

O desenvolvimento branco é todo baseado nos preceitos da Escola Hipermoderna de Xadrez, com o controle do centro feito por peças e não fisicamente com os peões, além do uso dos peões laterais para pressionar o centro de peões.

8. ... 0-0

9. cxd5 exd5

10. Cb3!?

Não é uma boa casa para o cavalo.

10. ... Bb4!

11. Bd2 a5

12. Cbd4

Se as brancas tomam o bispo, o peão dobrado das pretas na coluna "b" é amplamente compensado pela abertura da coluna "a" para a torre.

12. ... Te8

Apossando-se da coluna "e" semiaberta.

13. Tc1

As brancas fazem o mesmo com a coluna "c".

13. ... c5

14. Cf5

O cavalo tem uma boa casa em f5, no entanto, não conseguirá se manter nela porque não tem ponto de apoio. Os cavalos, por serem peças lentas, precisam de pontos de apoio (de um peão, por exemplo).

14. ... Cf8

15. d4?

Cede perigosamente a casa e4 para o cavalo.

15. ... Ce4

Karpov, um dos maiores especialistas da Escola Estrutural de Xadrez, mostra sua técnica através de um jogo posicional finíssimo.

16. dxc5 Cxd2

17. Cxd2 Dg5!

Posição após o lance 17...Dg5!

E agora estão atacados ambos os cavalos.

18. Cd6 Bxd2

19. Cxb7 Bxe1

20. Dxe1 Txe2!

Não há mais salvação para o branco. A tomada da torre em e2 é o golpe de misericórdia.

21. Dxe2 Dxc1+

22. Df1 Dd2

23. cxb6 Tc8

As brancas rendem-se devido à ameaça das pretas de ganharem sua dama com ...Tc1, ou, caso elas tirem a dama, 24...Tc2 ameaçando mate.

Partida 8

Garry Kasparov versus Valery Salov
Abertura Inglesa [A34]
Barcelona – 1989

Kasparov disputou essa partida no dia13 de abril, data em que completava 36 anos de idade. O evento fazia parte da fortíssima Copa do Mundo da Espanha, na qual participaram, entre outros, os ex-campões mundiais Mikhail Tal e Boris Spassky.

1. Cf3 Cf6

2. c4 b6

3. Cc3 c5

4. e4 d6

5. d4 cxd4

6. Cxd4 Bb7

7. De2

Com a saída da dama para e2 para sustentar o centro, restará ao bispo a opção do fianqueto.

7. ... Cbd7

E, por transposição, chegamos a uma típica posição da Siciliana.

8. g3 Tc8

9. Bg2 a6

10. 0-0 Dc7?!

É melhor 10...e6.

11. b3 e6

12. Cd5!

Posição depois de 12.Cd5!

Sacrifício típico na Defesa Siciliana. O atraso das pretas no desenvolvimento da ala do rei dá possibilidade a Kasparov de criar ameaças táticas, principalmente com o rei adversário ainda no centro.

12. ... Db8

Fazer 12...exd5 levaria 13. exd5+ Be7 14. Cf5! Ce5 15. Cxg7+ Rd8 16. Cf5, com iniciativa das brancas.

13. Td1 g6

14. Bg5

Estabelecida a casa fraca em f6, Kasparov, o "Ogro de Baku", desenvolve seu bispo com vistas à exploração dessa debilidade.

14. ... Bg7

15. Bxf6 Cxf6?

Retomar de bispo seria o correto, dando mais perspectivas de defesa.

16. Cxb6

Vantagem material. Toda vez que se tem vantagem material existem dois caminhos a seguir: *simplificação* ou *subjugação*. O primeiro é mais fácil, pois com as trocas vai se deixando no tabuleiro a vantagem conquistada, tornando reduzidas as chances de contrajogo do adversário. O segundo consiste na exploração da posição do inimigo com as forças superiores do jogador, conquistando ainda mais material. Esse método é mais arriscado, já que há mais peças sobre o tabuleiro e, com isso, mais possibilidade de um erro do jogador ou de um contrajogo do oponente.

16. ... Td8

17. e5!

Seguindo seu estilo "matador", Kasparov quer definir a luta rapidamente.

17. ... Bxg2

18. exf6 Bxf6

19. Cxe6!

Como é bastante comum nestas posições, a combinação das brancas surge como consequência natural da enorme vantagem posicional. Às pretas falta tudo: desenvolvimento, proteção do seu rei, harmonia...

19. ... fxe6

20. Dxe6+

Com o rei exposto, cabe a Kasparov encontrar os lances certos para transformar sua vantagem de posição em vitória efetiva.

20. ... Be7

21. c5!!

O pequenino peão se agiganta no ataque, criando grandes ameaças táticas.

21. ... Bb7

22. Te1 Dc7

23. c6!!

E aí está a razão de esse peão ter ido a c5 no lance 20.

23. ... Bxc6

24. Tac1

Como se não bastasse a perigosa cravada do bispo de e7, o seu colega de c6 também ficou imobilizado. Temos duas cravadas: uma parcial em c6 e outra total em e7.

24. ... Td7

25. Cxd7 Dxd7

26. Dc4!

Dá vantagem ao branco 26. Txc6 Dxe6 27. Txe6 Rd7 28. Txe7+ Rxc6, mas o lance do texto é mais forte, ganhando rapidamente.

26. ... Bb7

Se 26...Bb5 27. Dc8+ Dd8 28. De6 Bd7 29. Dxd6 Rf7 30. Dd5+ Rg7 31. Tc7!, a vantagem é decisiva.

27. Dc7 Tf8

28. Db8+ Rf7

29. Tc7!

Ao ex-campeão espanhol, Salov, não restou outra saída senão parar o relógio e estender a mão ao oponente, em sinal de abandono. A presente partida ganhou o prêmio de beleza do torneio.

Partida 9

Baadur Jobava versus Vladimir Kramnik
Defesa Índia da Dama [E12]
Dortmund (Alemanha) – 2006

1. d4 Cf6

2. c4 e6

3. Cf3 b6

4. Cc3 Bb7

Essa é a Defesa Índia da Dama.

5. a3

Para evitar a incômoda cravada do bispo em b4.

5. ... d5

6. cxd5 Cxd5

Tomando com a peça para deixar livre a diagonal do bispo de b7.

7. Bd2 Cf6

Vigiando o quadro e4. Agora as brancas terão de preparar e4.

8. Dc2

Para jogar e4 e também pressionar a coluna "c" semiaberta.

8. ... c5

9. dxc5 Bxc5

10. b4 Be7

11. e4

E, finalmente, o branco consegue pôr o peão em e4.

11. ... Cc6

12. Bf4 0-0

13. Td1

Atacando a dama e dominando uma importante coluna central com a torre.

13. ... Dc8

14. e5?

Erro que praticamente custará a partida.

14. ... Cxb4!

Posição depois 14...Cxb4!

O ex-campeão mundial russo Vladimir Kramnik sacrifica o cavalo, fechando a partida em seguida.

15. axb4

15. Db2 ainda daria alguma esperança.

15. ... Ce4!

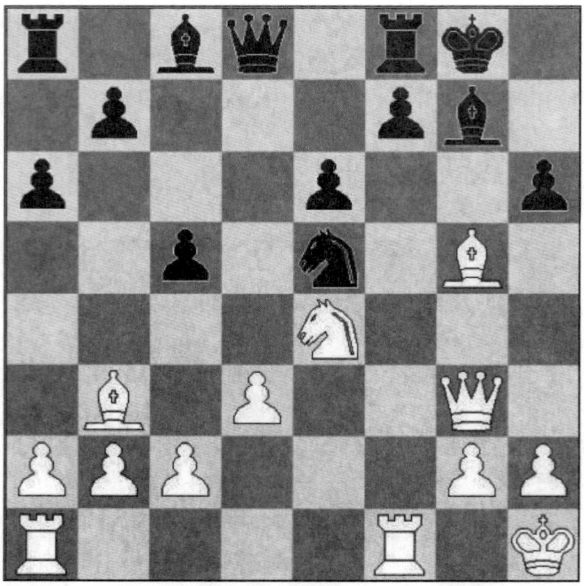

Posição depois de 15...Ce4!

As brancas abandonam porque perdem material. A falta de desenvolvimento das brancas e o tema tático da cravada em c3 foram os dois grandes motivos da derrota rápida do grande mestre georgiano Jobava.

Partida 10

Viswanathan Anand versus Boris Gelfand
Defesa Siciliana [B23]
Wijk aan Zee (Holanda) – 1996

1. e4 c5

2. Cc3

O indiano Viswanathan Anand, atual campeão mundial, escolhe a Variante Fechada para enfrentar a Defesa Siciliana. A intenção das brancas é sustentar o centro e partir rapidamente para um ataque na ala do rei.

2. ... d6

3. f4

Lance característico de intenção de ataque na ala do rei. Como as brancas não vão jogar d4, o peão de "f" será o companheiro de e4 nas ações no centro e na ala do rei.

3. ... g6

4. Cf3 Bg7

5. Bc4

Dificultando a jogada liberadora das pretas na Siciliana (que é ...d5) e mirando com o bispo para a ala do rei.

5. ... Cc6

6. d3

No sistema fechado o peão se coloca em d3 e não em d4, como é usado na variante aberta.

6. ... e6

7. 0-0 Cge7

8. De1!

A dama passará ao ataque na ala do rei, tão logo as pretas roquem.

8 ... h6

Depois de 8...0-0, 9. f5!? exf5 10. Dh4!, com iniciativa.

9. Bb3 a6

É raro uma Siciliana que não tenha ...a6. Esse lance possibilita a saída da dama a c7 (casa natural da dama nesta defesa) sem ser atacada pelo cavalo em b5 e ameaça expandir a ala da dama com ...b5, liberando a casa b7 para o fianqueto do bispo.

10. e5!

Começam as ações para desestabilizar o centro e iniciar o ataque. Anand é um jogador excepcional no ataque, com rara habilidade para perceber as fraquezas no campo contrário e explorá-las taticamente.

10. ... Cf5

11. Rh1! Cfd4

12. Ce4 Cxf3

13. Txf3 dxe5

14. fxe5 Cxe5

15. Tf1

O que as brancas têm para compensar o sacrifício do peão? Simplesmente a coluna "f" aberta, as linhas abertas... e a iniciativa.

15. ... g5!

16. Dg3 0-0

17. Bxg5!?

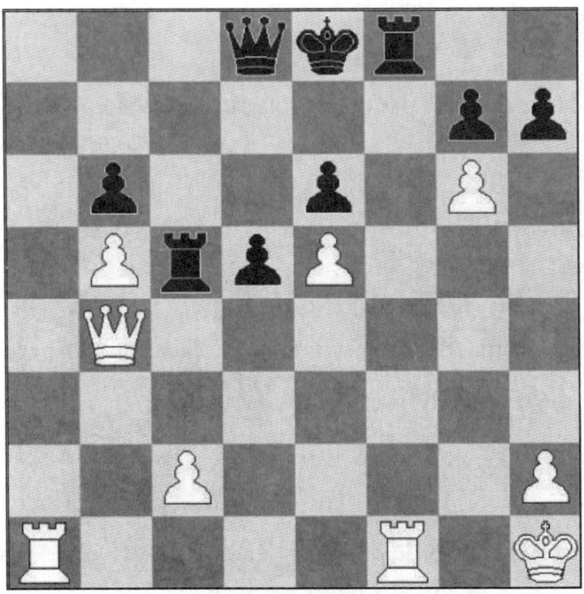

Posição depois de 17. Bxg5!?

Ousado sacrifício para abrir a posição do rei. Dois dos três peões que fazem a blindagem do rei são eliminados à custa do bispo.

17. ... hxg5

18. Cxg5 Cg6

Evitando Dh4.

19. Tae1!

Mais uma peça se incorpora ao ataque.

19. ... De7

20. Tf5!!

Genial lance de torre para dar proteção ao cavalo. A ameaça é Dh3.

20. ... Bf6

21. Cxe6!

Caso seja retomado o cavalo branco, o cavalo preto ficará indefeso em g6.

21. ... fxe6?

As melhores chances de defesa do grande mestre israelense Gelfand estavam em 21...Te8!, mas Anand responderia 22. Te4!, continuando com a pressão.

22. Txe6!

Não pode 22. Dxg6+ por 22...Dg7 23. Txe6 Dxg6 24. Texf6+ Rh7! e têm vantagem decisiva as pretas.

22. ... Rg7

Para 22...Bxe6, seguiriam 23. Dxg6+ Dg7 24. Bxe6+ Rh8 25. Th5+ e mate no próximo.

23. Txe7+ Bxe7

24. Txf8 Bxf8

25. h4!

E Boris abandona.

Capítulo 15

Duas partidas dos autores

Gérson Peres Batista versus Jorge Molina
Brasília – 2001
Defesa Caro-Kann [B12]

Partida disputada no Grupo B da Copa Brasília Clube de Xadrez, que teve como tema o uso dos peões como armas de ataque, desmantelando a estrutura adversária e abrindo linhas para a passagem das peças.

1. e4

Dominando o centro e abrindo passagem para duas peças: o bispo e a dama.

1. ... c6

As pretas escolhem a Defesa Caro-Kann, na qual o movimento 1... c6 é feito para preparar 2...d5. O lado negativo de 1...c6 é que tira a casa natural de desenvolvimento do cavalo de b8.

2. d4 d5

3. e5

Variante do Avanço, para ganhar espaço no centro, com vistas a ataques na ala do rei, caso as pretas façam o roque pequeno.

3. .. c5

Com o intuito de quebrar o poderoso centro das brancas com o ataque lateral do peão de "c".

4. f4?!

Lance duvidoso. Mais natural seria 4.c3, defendendo o peão de d4.

4. ... cxd4

O mestre Fide boliviano, Jorge Molina, paga para ver a combinação das brancas.

5. Cd2 Cc6

6. Cb3 Db6

7. a4! a5

8. Bb5 Bd7

9. Cf3 e6

10. Cfxd4

Finalmente o peão sacrificado é recuperado.

10. ... Dd8

Para já se prevenir contra Be3, que deixaria a dama perigosamente na mesma diagonal do bispo.

11. Be3 Ch6

O cavalo se prepara para ocupar f5.

12. 0-0 Cxd4

13. Bxd4

A tomada de bispo é para vigiar c5.

13. ... Cf5

14. g4

Começa agora o ataque na ala do rei.

14. ... Cxd4

15. Dxd4 Bxb5

16. axb5 b6

As brancas ameaçavam colocar o peão em b6, fazendo uma "cunha" na posição do adversário.

17. f5 Be7

18. Rh1 Tc8

19. fxe6

Agora as pretas não conseguem rocar.

19. ... fxe6

20. Dd3

Protegendo o peão de c2 e impedindo ...Tf8, que trocaria as torres, aliviando a pressão branca. Se agora 20. Tf8, cai o peão de h7.

20. ... Bc5

21. Cxc5 Txc5

22. b4!

O peão é entregue para abrir a coluna "a".

22. ... axb4

23. g5!

Rumo a g6, para quebrar a estrutura de peões do adversário.

23. ... Tc3

24. Dd4 Tf8

25. Dxb4 Tc5

26. g6!

Novo sacrifício.

Posição após 26. g6!

26. ...   hxg6

Com os peões da ala do rei fracos (isolados e dobrados), fica fácil para o branco atacar.

27. Dg4   Rd7

Defendendo o importante peão central de e6.

28. Dxg6   De7

29. Ta7+

Torre na sétima fileira é sempre um perigo.

29. ...   Tc7

30. Tfa1 Tfc8?

A defesa correta é 30...Tb8.

31. Dg1!

Bonita manobra da dama – uma fineza geométrica para atacar a ala da dama.

31. ... Tb8

Vê-se o tempo que as pretas perderam.

32. c4!

Abrindo o centro para facilitar o ataque ao rei.

32. ... g5

33. cxd5 exd5

34. Dg4+ Rd8

35. Txc7 Rxc7

36. e6!

Novamente voltado à abertura de linhas.

36. ... Rb7

37. Da4

O rei preto em campo aberto não sobrevirá por muito tempo.

37. ... Rc8

38. Tc1+ Rd8

39. Dc2 Dg7

40. Dc6 Db7

41. Dd6+ 1-0

Joel Cintra Borges *versus* **Geraldo Rogério Pires**
Belo Horizonte – 1996
Defesa Ortodoxa [D53]

Partida disputada pela 4ª rodada do Campeonato Estadual de Veteranos, organizado pela Federação Mineira de Xadrez no histórico Clube de Xadrez de Belo Horizonte.

1. d4 Cf6

2. c4 e6

3. Cc3 d5

4. Bg5 Cbd7

5. e3 Be7

6. Tc1 c6

7. Cf3

A configuração das peças brancas e pretas se encaixa numa Defesa Ortodoxa, ainda que a ordem dos lances não seja a usual.

7. ... Da5?!

Há uma mistura de ideias por parte das pretas. O ... Da5 é jogado quando o bispo preto está em f8, onde então o lance seguinte seria ... Bb4. Esses lances configurariam a Variante Cambridge Springs. Nesta posição o recomendável é o 0-0.

8. a3!

Impedindo a incômoda cravada do bispo em b4.

8. ... dxc4

9. Bxc4 b5

10. Bd3 b4

11. axb4 Bxb4

Faz mais sentido retomar o peão com a dama, pressionando b2.

12. 0-0 0-0

13. Ce4 Bb7

14. Cxf6+ Cxf6

15. Ce5!

Muito melhor que tomar em f6. Com a ida do cavalo a e5, corta-se a possibilidade de a dama preta se transferir para a ala do rei e ajudar na sua defesa. E agora está livre a passagem da dama branca para o ataque.

15. ... Be7

Mais preciso é 15...Cd5.

16. Df3?!

O branco poderia ter feito 16. Bxf6 Bxf6 17. Cd7 Tfd8 18. Tc5 Db4 19. Cxf6+ gxf6 20. Dg4+ Rf8 21. Dh4, com forte pressão em cima do rei exposto.

16. ... Dd5

17. Dh3 g6?

Melhor é 17...h6. O avanço do peão a g6 deixa fraco o conjunto de casas pretas que circundam o rei.

18. Dh4

Agora as brancas têm vantagem decisiva.

18. ... Dd8

19. Cxc6 Bxc6

20. Txc6 Tb8

21. Tc2 e5?

Erro que perde no ato. As complicações táticas a seguir são todas favoráveis às brancas.

22. dxe5! Ch5

Posição depois de 22. dxe5!

23. Bxe7	**Dxd3**
24. Tc3	**Dd2**
25. Bxf8	**Rxf8**
26. Tc7	**a5**

As pretas abandonam sem esperar o lance das brancas. Era necessário 26...Db4 para defender o xeque da dama em e7, mas, de qualquer forma, a vantagem das brancas é decisiva.

Capítulo 16

Campeonatos mundiais absolutos

Nome	Período	País
Wilhelm Steinitz	1886-1894	Áustria
Emanuel Lasker	1894-1921	Alemanha
José Raul Capablanca	1921-1927	Cuba
Alexander Alekhine	1927-1935	Rússia
Max Euwe	1935-1937	Holanda
Alexander Alekhine	1937-1946	Rússia
Mikhail Botvinnik	1948-1957	Rússia
Vasily Smyslov	1957-1958	Rússia
Mikhail Botvinnik	1958-1960	Rússia
Mikhail Tal	1960-1961	Letônia
Mikhail Botvinnik	1961-1963	Rússia
Tigran Petrosian	1963-1969	Armênia
Boris Spassky	1969-1972	Rússia
Robert James Fischer	1972-1975	Estados Unidos
Anatoly Karpov	1975-1985	Rússia
Garry Kasparov	1985-1993	Azerbaijão
Garry Kasparov	1993-2000*	Azerbaijão
Anatoly Karpov	1993-1999	Rússia
Alexander Khalifman	1999-2000	Rússia
Viswanathan Anand	2000-2002	Índia
Vladimir Kramnik	2000-2006*	Rússia
Ruslan Ponomariov	2002-2004	Ucrânia
Rustam Kasimdzhanov	2004-2005	Uzbequistão
Veselin Topalov	2005-2006	Bulgária
Vladimir Kramnik	2006-2007**	Rússia
Viswanathan Anand	2007-2009	Índia

* Campeão mundial pela PCA (Professional Chess Association), uma entidade dissidente da Federação Internacional de Xadrez, fundada por Kasparov e Short.

** O *match* entre Topalov e Kramnik, vencido pelo último, selou a reunificação entre Fide e PCA.

Capítulo 17

Campeonatos mundiais femininos

Nome	Período	País
Vera Menchik	1927-1944	Rússia
Lyudmila Rudenko	1950-1953	Ucrânia
Elisabeth Bykova	1953-1956	Rússia
Olga Rubtsova	1956-1958	Rússia
Elisabeth Bykova	1958-1962	Rússia
Nona Gaprindashvili	1962-1978	Geórgia
Maia Chiburdanidze	1978-1991	Geórgia
Xie Jun	1991-1996	China
Susan Polgar	1996-1999	Hungria
Xie Jun	1999-2001	China
Zhu Chen	2001-2004	China
Antoaneta Stefanova	2004-2006	Bulgária
Xu Yuhua	2006-2008	China
Alexandra Kosteniuk	2008-2009	Rússia

Capítulo 18

Campeonatos brasileiros absolutos

Ano	Campeão
1927 a 1930	João de Souza Mendes
1933 e 1934	Orlando Roças Júnior
1935	Thomaz Pompeu de Accioly Borges
1938	Walter Oswaldo Cruz
1939	Octávio Figueira Trompowsky
1940	Walter Oswaldo Cruz
1941	Adhemar da Silva de Oliveira Rocha
1942	Walter Oswaldo Cruz
1943	João de Souza Mendes
1945	Orlando Roças Júnior
1947	Márcio Elísio de Freitas
1948 e 1949	Walter Oswaldo Cruz
1950	José Thiago Mangini
1951	Eugênio Maciel German
1952	Flávio de Carvalho Júnior
1953	Walter Oswaldo Cruz
1954	João de Souza Mendes
1956	José Thiago Mangini
1957	Luiz Tavares da Silva

Ano	Campeão
1958	João de Souza Mendes
1959	Olício Gadia
1960 e 1961	Ronald Câmara
1962	Olício Gadia
1963	Hélder Câmara
1964	Antônio Rocha
1965	Henrique Costa Mecking
1966	José de Pinto Paiva
1967	Henrique Costa Mecking
1968	Hélder Câmara
1969	Antônio Rocha
1970	Herman Claudius van Riemsdijk
1971	José de Pinto Paiva
1972	Eugênio Maciel German
1973	Herman Claudius van Riemsdijk
1974	Alexandru Sorin Segal e Márcio Miranda
1975	Carlos Eduardo Gouveia
1976 e 1977	Jaime Sunye Neto
1978	Alexandru Sorin Segal
1979 a 1982	Jaime Sunye Neto
1983	Jaime Sunye Neto e Marcos Paolozzi
1984 a 1986	Gilberto Milos Júnior
1987	Carlos Eduardo Gouveia
1988	Herman Claudius van Riemsdijk
1989	Gilberto Milos Júnior
1990	Roberto Tadashi Watanabe
1991	Everaldo Matsuura
1992	Darcy Gustavo Machado Vieira Lima
1993	Aron Antunes Corrêa
1994 e 1995	Gilberto Milos Júnior
1996 a 1998	Rafael Duailibe Leitão
1999 a 2001	Giovanni Portilho Vescovi
2002 e 2003	Darcy Gustavo Machado Vieira Lima
2004	Rafael Duailibe Leitão
2005	Alexandr Hilário Takeda Sakai dos Santos Fier
2006 e 2007	Giovanni Portilho Vescovi
2008	André Diamant

Capítulo 19

Campeonatos brasileiros femininos

Ano	Campeã
1957	Dora de Castro Rúbio
1958 e 1959	Taya Efermoff
1960 a 1962	Dora de Castro Rúbio
1963 a 1968	Ruth Volgl Cardoso
1969 e 1970	Ivone Moysés
1971	Ligia Imam Alvim
1972	Ruth Volgl Cardoso
1973	Ivone Moysés
1975	Maria Cristina de Oliveira
1976	Jussara Chaves
1977	Ruth Volgl Cardoso
1978 a 1980	Ligia de Abreu Carvalho
1981	Jussara Chaves
1982	Jussara Chaves e Regina Lúcia Ribeiro
1984 e 1985	Regina Lúcia Ribeiro
1986	Maria Cristina de Oliveira
1987	Regina Lúcia Ribeiro
1988	Palas Athena Veloso
1989	Jussara Chaves
1990	Regina Lúcia Ribeiro
1991	Joara Chaves

Ano	Campeã
1992	Regina Lúcia Ribeiro
1993	Palas Athena Veloso
1994 a 1997	Tatiana Kaawar Ratcu
1998	Joara Chaves
1999	Paula Fernanda Delai
2000	Tatiana Kaawar Ratcu
2001	Tatiana Peres Duarte
2002	Joara Chaves
2003	Regina Lúcia Ribeiro
2004	Suzana Chang
2005	Tatiana Peres Duarte
2006	Regina Lúcia Ribeiro
2007	Suzana Chang
2008	Joara Chaves
2009	Vanessa Feliciano

Bibliografia utilizada nesta obra e outros livros recomendados pelos autores

ALEKHINE, Alexander. *Mis mejores partidas de ajedrez 1924 a 1937* [1931]. Espanha: Ediciones Tutor, p. 200.

BATISTA, Gérson Peres; BORGES, Joel Cintra. *O espírito da abertura* [2004]. Rio de Janeiro: Ciência Moderna, 2007, p. 336.

BRONSTEIN, David. *El ajedrez de torneo – Zurich 53* [1953]. Espanha: Editorial Fundamentos, 2007, p. 541.

CAPABLANCA, José Raul. *Fundamentos del Ajedrez* [1942]. Espanha: Editorial Fundamentos, 2002, p. 202.

________. *Lecciones elementares de ajedrez* [1947]. Espanha: Editorial Fundamentos, 2002, p. 154.

CZERNIAK, Miguel. *El final* [1946]. Argentina: Editorial Sopena, 1998, p. 198.

D'AGOSTINI, Orfeu Gilberto. *Xadrez básico* [1954]. Rio de Janeiro: Ediouro, 2002, p. 605.

FINE, Ruben. *Finales básicos de ajedrez* [1941]. Argentina: Editorial Sopena, 2003, p. 176.

FISCHER, James Robert. *Bobby Fischer teaches chess* [1966]. EUA: Bantam Books, 1972, p. 179.

GIUSTI, Paulo. *Xadrez da escola aos primeiros torneios* [1999]. São Paulo: Barcarola, 1999, p. 335.

GONZALEZ, José Mondero; MANZANO, Antonio Lopes. *O xadrez dos grandes mestres* [2002]. São Paulo: Artmed, 2002, p. 270.

GRAU, Roberto. *Tratado general de ajedrez I* [1990]. Espanha: Editorial La Casa Del Ajedrez, 2000, p. 207.

_____. *Tratado general de ajedrez II* [1990]. Espanha: Editorial La Casa Del Ajedrez, 2000, p. 218.

GRAU, Roberto. *Tratado general de ajedrez III* [1990]. Espanha: Editorial La Casa Del Ajedrez, 2000, p. 273.

_______. *Tratado general de ajedrez IV* [1990]. Espanha: Editorial La Casa Del Ajedrez, 2000, p. 265.

JÚNIOR, Walter Ferreira. *Manual de xadrez para iniciantes* [2004]. Divinópolis, 2007, p. 35.

KARPOV, Anatoly; GUIK, Evgueni. *Mosaico ajedristico* [1984]. Rússia: Editorial Raduga, 1984, p. 208.

KASPAROV, Garry. *Meus grandes predecessores volume 1* [2004]. São Paulo: Solis, 2004, p. 480.

_______. *Meus grandes predecessores volume 2* [2005]. São Paulo: Solis, 2005, p. 468.

_______. *Meus grandes predecessores volume 3* [2005]. São Paulo: Solis, 2005, p. 479.

_______. *Meus grandes predecessores volume 4* [2006]. São Paulo: Solis, 2006, p. 494.

_______. *Meus grandes predecessores volume 5* [2004]. São Paulo: Solis, 2007, p. 476.

_______. *O teste do tempo* [1985]. São Paulo: Solis, 2006, p. 272.

KOTOV, Alexander. *Entrene como un gran maestro* [1982]. Espanha: Editorial Fundamentos, 2004, p. 191.

_______. *Juegue como un gran maestro* [1982]. Espanha: Editorial Fundamentos, 2009, p. 319.

_______. *Piense como un gran maestro* [1982]. Espanha: Editorial Fundamentos, 2005, p. 188.

LIMA, Antonio Bento de Araújo; SÁ, Antonio Villar Marques de; SOUZA, Adriano Valle de. *Cartilha do MEC* [2007]. Brasília: SNEE, 2007, p. 32.

LIMA, Darcy; LAPERTOSA, Júlio. *Combinações* [2003]. Rio de Janeiro: Ciência Moderna, 2003, p. 120.

_______. *Estratégia* [2004]. Belo Horizonte, 2003, p. 318.

LOTH, Fernanda; RIBEIRO, Regina. *Xadrez para Crianças* [2004]. Santa Catarina: Todo Livro Ltda., p. 160.

NIMZOWITSCH, Aaron. *A prática do meu sistema* [1929]. São Paulo: Solis, 2007, p. 232.

_______. *Meu sistema* [1925]. São Paulo: Solis, 2007, p. 272.

PACHMAN, Ludek. *Moderm Chess Strategy* [1963]. EUA: Dover Publications, 1971, Inc., p. 329.

PÓLGAR, László. *Chess – 5334 problems, combinations and games* [1995]. EUA: Papersbacks, 2006, p. 1104.

REINFELD, Fred. *1001 brilliant ways to checkmate* [1955]. EUA: Wilshire Book Company, 1971, p. 224.

RETI, Ricardo. *Los grandes maestros del tablero* [1940]. Espanha: Editorial Fundamentos, 2001, p. 198.

RIEMSDIJK, Herman Claudius Van; HAJENIUS, Willem Diederik. *Peões mágicos* [2008]. São Paulo: Solis, 2008, p. 151.

ROIZMAN, Abram. *300 miniaturas* [1987]. Espanha: Martinez Roca Ediciones, 1987, p. 232.

SEIRAWAN, Yasser. *Aberturas* [2008]. São Paulo: Artmed, 2008, p. 288.

______. *Combinações* [2006]. São Paulo: Artmed, 2006, p. 219.

______. *Finais* [2008]. São Paulo: Artmed, 2008, p. 312.

SEIRAWAN, Yasser. SILMAN, Jeremy. *Estratégias* [2006]. São Paulo: Artmed, 2006, p. 232.

______. *Táticas* [2008]. São Paulo: Artmed, 2008, p. 220.

TOLEDO, James Mann de; KAMADA, Juliana Kyoko. *Xadrez para todos* [2004]. São Paulo: Adonis, 2004, p. 168.

Os autores

Gérson Peres Batista nasceu em 6 de agosto de 1973, na cidade de São Sebastião do Paraíso, Minas Gerais.

Desde 1992 atua exclusivamente na área de xadrez, tendo ministrado aulas em escolas e clubes de Minas Gerais e de São Paulo. Destaque para o Ouro Verde Tênis Clube (1992-2008) e o Colégio Objetivo NHN (desde 1999), ambos de São Sebastião do Paraíso; o Colégio Objetivo NHN de Passos/MG (desde 2009), o Colégio Soares de Bebedouro/SP (1995-2002) e o Colégio Soares de Oliveira de Barretos/SP (1995-2005). Também ministra cursos de xadrez pela internet para professores e jogadores desde 2005.

É técnico desportivo com habilitação em xadrez (Cref: 9681-P/MG) e estudante do segundo ano de pedagogia no Centro Universitário Claretiano (Ceuclar), campus de Batatais/SP.

Estruturou o Projeto de Xadrez nas escolas de São Sebastião do Paraíso (polo mineiro e uma das referências nacionais na modalidade), coordenando as atividades do setor de 1994 a 1998.

Tem realizado regularmente cursos e palestras de xadrez pedagógico de alto rendimento em diversos estados: Mato Grosso, Minas Gerais, Rio de Janeiro, São Paulo, além do Distrito Federal.

Em 2002 esteve no Chile como técnico da seleção brasileira que disputou o Sul-americano Escolar.

Na condição de jogador, tem nível de candidato a mestre (CM), é tetracampeão mineiro absoluto (1994, 1997, 1998 e 2004, vice em 1993, 2000 e 2001). Foi um dos finalistas do Campeonato Brasileiro Absoluto de 1998. Também sagrou-se campeão do Campeonato Mineiro Juvenil de 1993, do Campeonato Mineiro de Jovens (edições de 1994, 1995, 1996 e 1997) e do Campeonato Mineiro do Interior (2008). Integrou a equipe paraisense na conquista de sete edições dos Jogos do Interior de Minas – Jimi (em 1992, 1994, 1996, 2001, 2002, 2003 e 2008). Ganhou os Jogos Regionais do Interior de São Paulo (em 2003, representando Paulínia) e o Campeonato Paulista do Interior (2006). Desde 1989, época em que começou a jogar, esteve presente em aproximadamente quinhentos torneios.

Pertence ao quadro de árbitros da Federação Mineira de Xadrez (FMX) e da Confederação Brasileira de Xadrez (CBX). Algumas de suas arbitragens em eventos importantes no cenário nacional se deram no Festival Nacional da Criança – Fenac, em Bento Gonçalves/RS (1999), no Brasileiro Juvenil em São Sebastião do Paraíso/MG (2001), no Festival Nacional da Juventude Rápido em São Sebastião do Paraíso/MG (2002, 2003 e 2004), no Brasileiro Escolar em Batatais/SP (2003), no Brasileiro Escolar em Poços de Caldas/MG (2006, 2007 e 2008) e no Pan-americano Escolar em Mendes/RJ (2007) e em São Sebastião do Paraíso (2008).

No ano de 2000 criou o site **Clube de Xadrez On-Line** (www.clubedexadrez.com.br), página inovadora e de acesso gratuito que já ultrapassou a expressiva marca dos sete mil artigos publicados. O Clube de Xadrez, como é chamado pela comunidade enxadrística, recebe diariamente em média quatro mil visitantes.

Escreveu em 2004 o livro *O espírito da abertura*, em parceria com Joel Cintra Borges, obra que proporcionou grande contribuição à aprendizagem conceitual das aberturas e que já está na segunda edição.

Seu trabalho mais recente é o de revisor técnico do *Guia Prático de xadrez Harry Potter*, da Warner Bros. Ao todo são 81 fascículos.

Em 2002 recebeu homenagem da Federação Internacional de Xadrez (Fide) por sua militância junto ao xadrez escolar.

Foi homenageado pelo Comitê Olímpico Brasileiro (COB) em 2007 durante a realização das Olimpíadas Escolares em Poços de Caldas/MG, pelo trabalho em prol do xadrez nacional.

Integrou o Conselho Fiscal da Confederação Brasileira de Xadrez (CBX) na gestão 2005-8.

Contato: editor@clubedexadrez.com.br

Joel Cintra Borges nasceu em Cássia, Minas Gerais, no dia 4 de agosto de 1940.

É formado em medicina veterinária, profissão que exerce até hoje.

Estuda e pratica o xadrez, como amador, desde os tempos da faculdade, na Universidade Federal de Minas Gerais, em Belo Horizonte, quando teve oportunidade de conviver com os grandes expoentes do período áureo do xadrez mineiro.

Possui alguns títulos expressivos, como o de tricampeão dos Jogos do Interior de Minas – Jimi (por equipe), em 1992, 1994 e 1996, e o de campeão mineiro veterano, no ano de 2000.

Apaixonado também pela literatura, tem escrito artigos e crônicas para diversos jornais.

Escreveu em 2004 o livro *O espírito da abertura*, que já está em sua segunda edição, em parceria com Gérson Peres Batista, obra que requereu vasta pesquisa e que é hoje livro de referência no estudo das aberturas de xadrez.

Reside em São Sebastião do Paraíso (MG) desde o ano de 1988.

HR Gráfica e Editora
Rua Serra de Paracaina, 716 – Moóca - São Paulo – SP – CEP 03107-020
Fone/Fax: (11) 3341-6444 - Email: vendas@hrgrafica.com.br
www.hrgrafica.com.br